NICHTS, GENAU WIE DU ES DIR GEWÜNSCHT HAST!

DIESES BUCH
GEHÖRT

____

ENLEITUNG

Das Nichts zum Anfassen

Herzlichen Glückwunsch! Du hältst gerade das wohl inhaltsreichste Buch über absolut gar nichts in deinen Händen. Ja, du hast richtig gelesen – nichts!

Vielleicht fragst du dich: "Warum um alles in der Welt sollte ich ein Buch über nichts lesen?" Nun, warum nicht? Schließlich hast du dir ja auch nichts gewünscht, oder?

In einer Welt, die von Überfluss und Konsum geprägt ist, präsentieren wir dir stolz die ultimative Antithese: 100 Seiten geballtes Nichts. Dieses Buch ist randvoll mit Leere, überquellend mit Abwesenheit und bis zum Bersten gefüllt mit – du ahnst es – absolut gar nichts.

Aber Vorsicht! Dieses Nichts hat es in sich. Es könnte dein Leben verändern, deine Perspektive erweitern und dir zeigen, wie viel man eigentlich aus nichts machen kann. Oder auch nicht. Wer weiß das schon?

Also, lehn dich zurück, entspann dich und bereite dich darauf vor, in die faszinierende Welt des Nichts einzutauchen. Und denk immer daran: Wenn du nach der Lektüre dieses Buches das Gefühl hast, nichts gelernt zu haben, dann haben wir alles richtig gemacht!

Viel Spaß beim Nichtstun!

nichts

NICHTS
IST SO
KOSTBAR
WIE DIE ZEIT

NICHTS IST AUCH EINE LÖSUNG

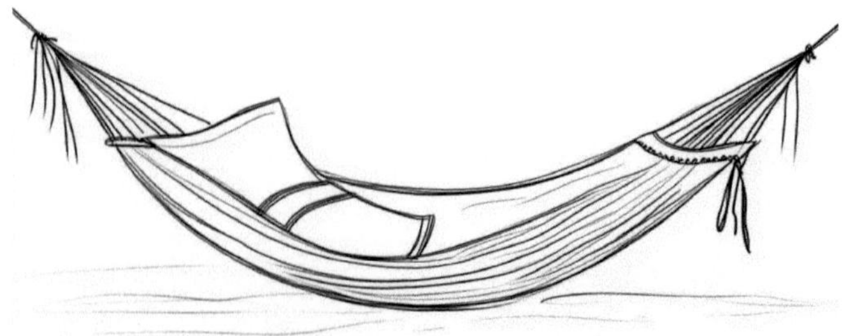

NICHTS IST
SO ERHOLSAM
WIE
NICHTSTUN

nichts Nicht

NICHTS nichts Nichts Nichts NICHTS Nichts NICHTS nichts Nichts nichts Nichts NICHTS Nichts NICHTS nichts Nichts NICHTS Nichts NICHTS nichts Nichts Nichts NICHTS nichts Nichts NICHTS nichts Nichts NICHTS Nichts NICHTS nichts Nichts NICHTS nichts Nichts NICHTS nichts NICHTS Nichts NICHTS nichts

NICHTS IST DER BESTE ANFANG

100% NICHTS
GARANTIERT!
100% NICHTS

NICHTS IST SO KREATIV WIE EINE LEERE SEITE

NICHTS GEHT ÜBER EINEN LEEREN KOPF

NICHTS ZU
VERSCHENKEN!

Nichts

NICHTS IST SO LAUT WIE STILLE

LEB

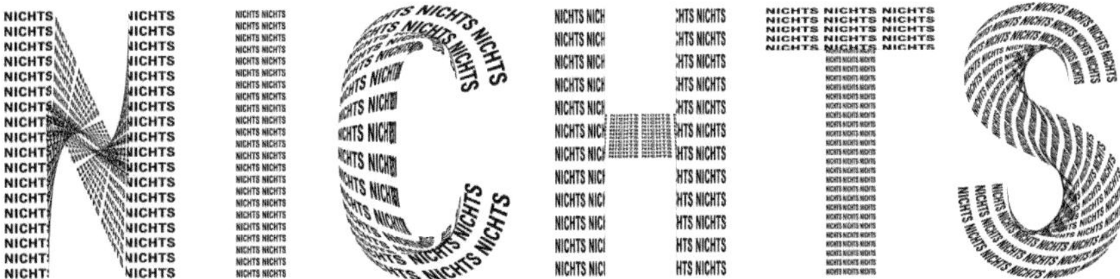

Weniger ist nichts

Die Kunst,
aus nichts
etwas zu
machen

NICHTS NICHTS NICHTS
NICHTS NICHTS NICHTS
NICHTS NICHTS NICHTS
NICHTS NICHTS NICHTS
NICHTS NICHTS NICHTS
NICHTS NICHTS NICHTS
NICHTS NICHTS NICHTS

Nichts zu tun? Perfekt!

NICHTS

Nichts
Nichts
Nichts
Nichts
Nichts
Nichts

NICHTS

GROSSE
GROSSE
GROSSE
GROSSE
GROSSE

NICHTS
NICHTS
NICHTS
NICHTS
NICHTS

NICH
CHTS NIC
TS NICH
CHTS NIC

NICHTS NICHTS NICHTS NICHTS NICHTS NICHTS NICHTS NICHTS NICHTS

GEHEIMREZEPT FÜR ERFOLG:

1. NICHTS

2. SIEHE 1.

ERROR 404:
Nichts gefunden
OK

Legal Document

Im Zweifel für das Nichts

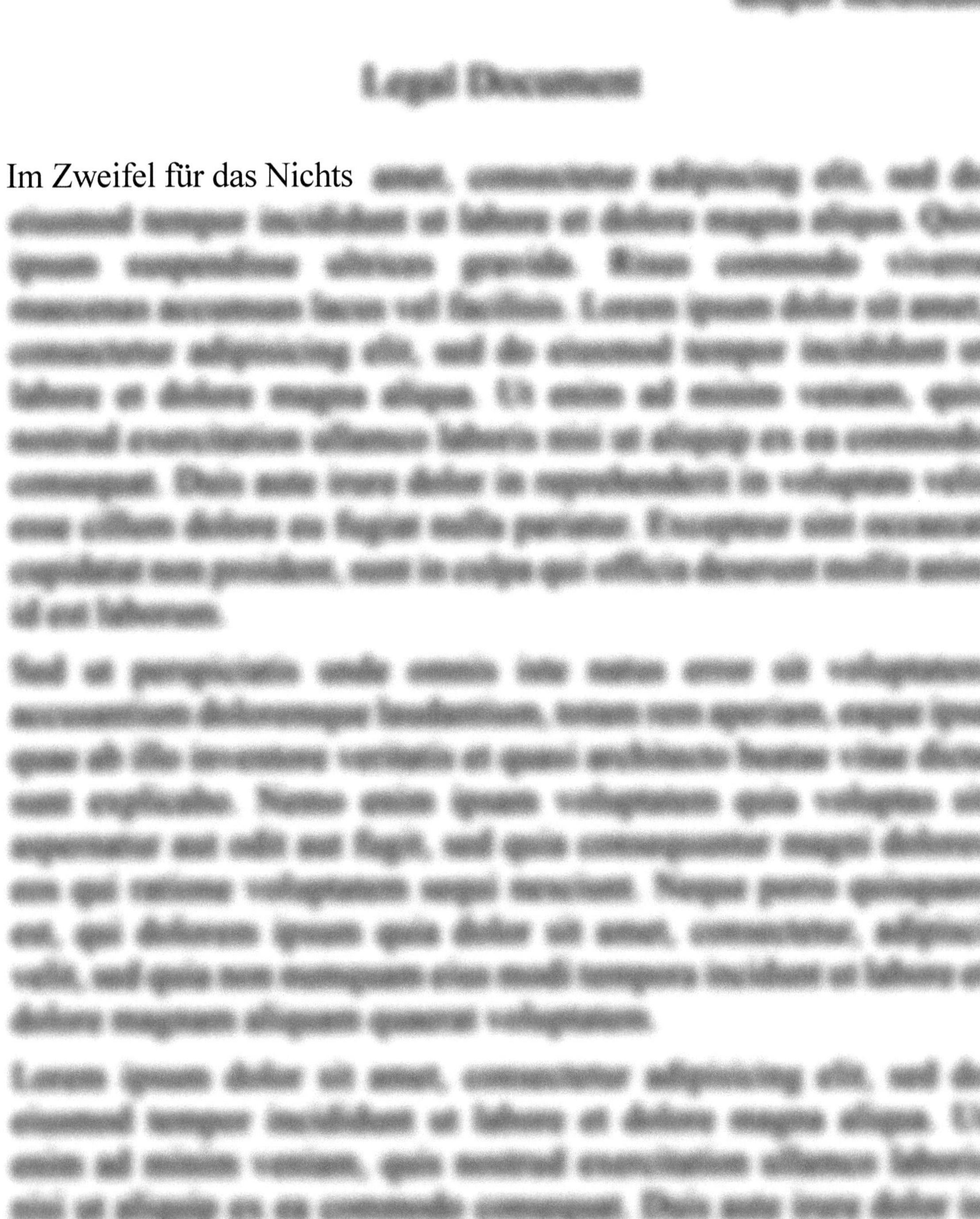

NICHTS GEHT ÜBER EINEN GUTEN DURCHBLICK

ACHTUNG
Diese Seite enthält Spuren von **Nichts**

NICHTS UND WIEDER NICHTS
NICHTS UND WIEDER NICHTS I
NICHTS UND WIEDER NICHTS NI
NICHTS UND WIEDER NICHTS NIC
NICHTS UND WIEDER NICHTS NICH
NICHTS UND WIEDER NICHTS NICHTS
NICHTS UND WIEDER NICHTS NICHTS U
NICHTS UND WIEDER NICHTS NICHTS UN
NICHTS UND WIEDER NICHTS NICHTS UND
NICHTS UND WIEDER NICHTS NICHTS UND WIE
NICHTS UND WIEDER NICHTS NICHTS UND WIEDE
NICHTS UND WIEDER NICHTS NICHTS UND WIEDER N
NICHTS UND WIEDER NICHTS NICHTS UND WIEDER NICHT
NICHTS UND WIEDER NICHTS NICHTS UND WIEDER NICHTS NIC
NICHTS UND WIEDER NICHTS NICHTS UND WIEDER NICHTS NICHTS U
NICHTS UND WIEDER NICHTS NICHTS UND WIEDER NICHTS NICHTS UND WII
NICHTS UND WIEDER NICHTS NICHTS UND WIEDER NICHTS NICHTS UND WIEDER NIC

nichts

NICHTS IST SO BESTÄNDIG WIE DER WANDEL

Nichts ist perfekt

DAS NICHTS-NAVI: SIE HABEN IHR ZIEL ERREICHT

Nichts = nichtsnichts^2

NICHTS IST RELATIV

KLEINES

NICHTS

NICHTS IST AUCH EINE ANTWORT

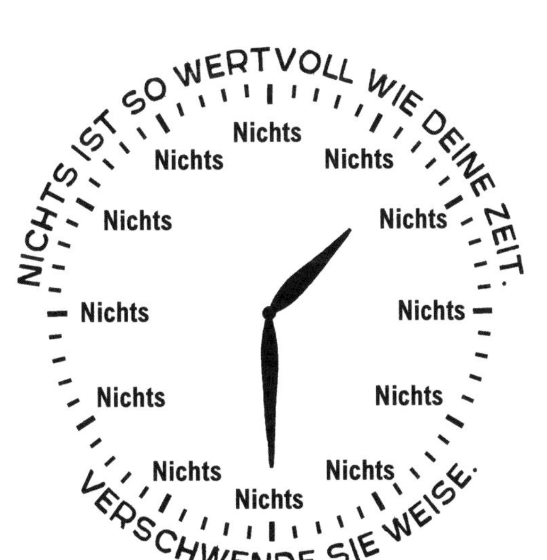

NICHTS IST SO WERTVOLL WIE DEINE ZEIT.
VERSCHWENDE SIE WEISE.
Nichts
Nichts
Nichts
Nichts
Nichts
Nichts
Nichts
Nichts
Nichts
Nichts
Nichts
Nichts

ZERTIFIZIERTER

Nichts – Experte

ENDLICH

NICHTS!

NICHTS ZU TUN

IST
HARTE
ARBEIT

HEUTE AUF DER TAGESORDNUNG:

☐ NICHTS

UNBEGRENZT NICHTS

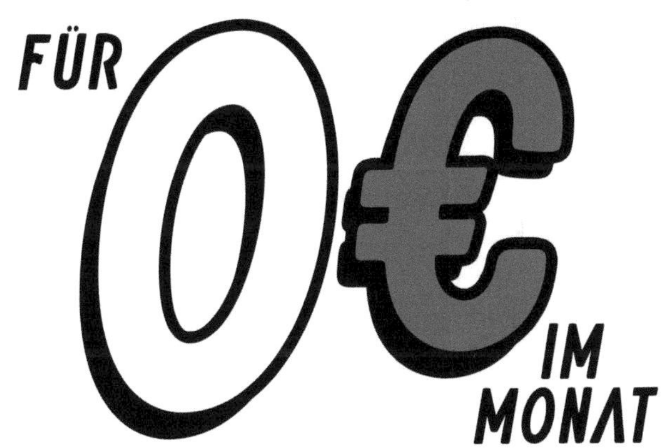

Letzte
Worte:
'Nichts zu
bereuen

NICHTS IST SO INSPIRIEREND WIE EINE WEISSE WAND

UND WIEDER NICHTS

NICHTS IST SO ZEITLOS WIE DER AUGENBLICK
Nichts
Nichts
Nichts
Nichts
Nichts
Nichts
Nichts
Nichts
Nichts
Nichts
Nichts
Nichts

IM NICHTS LIEGT DIE KRAFT

NICHTS

NICHTS ZU WOLLEN IST DER GRÖSSTE LUXUS

IM NICHTS LIEGT DIE VOLLKOMMENHEIT

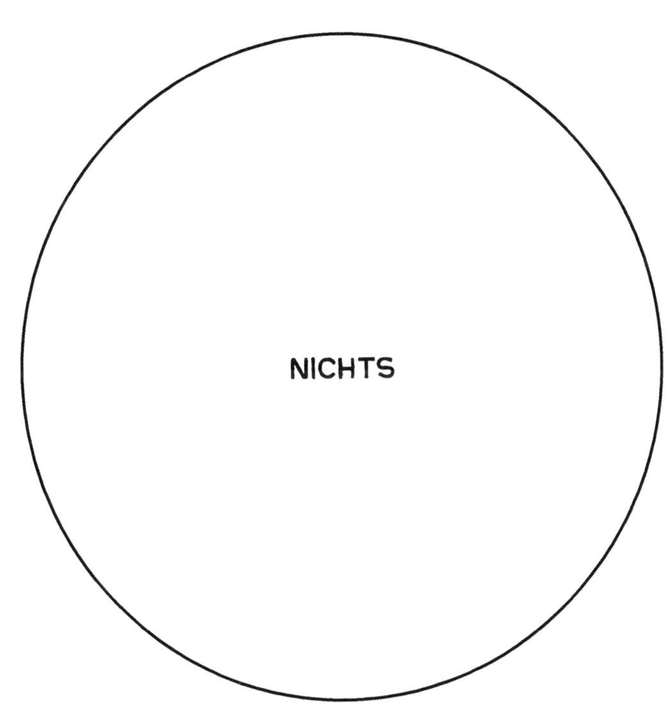
NICHTS

NICHTS

IMPRESSUM

© Max Scherer

Das Werk ist urheberrechtlich geschützt. Jede Verwendung ohne die ausdrückliche Erlaubnis des Autors ist untersagt. Dies gilt insbesondere für Vervielfältigung, Verwertung, Übersetzung und die Einspeicherung und Verarbeitung in elektronischen Systemen.

Für Fragen und Anregungen:
info@dulangon-verlag.de

ISBN: 978-3-910661-43-1

Originalausgabe
Erste Auflage 2024
© 2024 Imprint der Dulangon LLC, St. Petersburg, US

Redaktion: Marianne Link
Lektorat und Korrektorat: Peter Klausen
Covergestaltung: Danileoart, www.danileoart.com
Satz und Layout: Danileoart

Alle Rechte vorbehalten. Vervielfältigung auch auszugsweise, nur mit schriftlicher Genehmigung des Verlages.